MARIE-
MA

CHAIR DE POULE, HOQUET, PETS ET ROTS...

LES SIGNAUX DU CORPS

Même pas mal.

Rude journée pour René

La matinée

René débute cette journée de très mauvaise humeur, car son frère a bruyamment **ronflé** toute la nuit, ou presque.

René a mal dormi, il est en retard et tente de se rattraper en ingurgitant son petit déjeuner à toute vitesse.

Résultat, il a le **hoquet** et son frère se moque de lui.

Dédaigneux, René s'élance « pleins gaz » dans la rue, il court, il court et... doit s'arrêter : un terrible **point de côté** lui coupe le souffle.

Il se traîne jusqu'à l'arrêt et monte dans le bus surchauffé. René se met à **suer**, puis à **trembler** de froid, après quoi, il **éternue** une dizaine de fois, ce qui agace ses copains.

Mais dis donc, René, tu m'as l'air en pleine forme aujourd'hui !

Hic!

Aïe!

Ouille!

Prout!

Bâôôô!

Le midi

À la cantine, René avale goulûment trois portions de frites et quatre desserts chocolatés. En sortant, il a **mal au cœur**, mais cela ne l'empêche pas de voler au secours de sa préférée, la jolie Marie, encerclée par trois « grands » menaçants. René se bat comme un champion et récolte une **bosse** sur le crâne, ainsi qu'un gros **bleu** au tibia.

L'après-midi

En cours de gymnastique vient le supplice de la corde lisse. Arrivé en haut, René est pris de **vertige** et reste agrippé, blanc comme un linge, jusqu'à ce qu'on vienne le chercher... Il voudrait se rattraper en gagnant l'épreuve de saut en longueur, mais il abandonne à cause d'une **crampe**.

En récré

René s'amuse avec ses copains à faire un concours... de **pets**. Quand il regagne la salle de classe, René ne peut résister au plaisir d'en lâcher un dernier, bien sonore. Cela lui vaut une heure de colle pour le lendemain.

Pénible retour

Sorti du dernier cours en retard, René rate le bus et marche jusqu'à la maison, écœuré par cette journée, en traînant ses chaussures délacées. Il arrive les pieds couverts d'**ampoules**. « Tout s'est bien passé aujourd'hui ? », demande sa mère. Il grommelle ironiquement : « Super ! » C'est alors que maman éclate de rire en disant à son fils : « Comme tu es mignon, mon chéri, avec ce **bouton** sur le bout du nez ! »

Pets et rots

On peut péter ou roter exprès, pour faire rire. Mais il arrive que ces événements bruyants ou malodorants nous échappent involontairement, et, en société, c'est bien gênant.

Orient-Occident

Dans nos pays occidentaux, on encourage bébé à faire son petit rot après la tétée. Mais, chez les plus grands, le rototo n'est pas du tout bien vu. Si on ne peut le retenir, il faut s'excuser. En Orient, roter à la fin d'un repas est une marque de satisfaction qui fait plaisir à l'hôte.

Glouglou !

L'estomac et l'intestin se contractent en permanence. Ils sont toujours pleins et en mouvement. Pendant la digestion des aliments, l'estomac malaxe et l'intestin brasse. Entre deux repas, leurs contractions produisent une agitation continuelle. On entend parfois une sorte de musique : les gargouillements.

Les vents de l'estomac

En mangeant ou en buvant, on avale de l'air, surtout si on consomme des boissons gazeuses ou si on mange trop vite. À la fin d'un bon repas, une contraction de l'estomac peut chasser brusquement une bulle d'air, qui remonte jusqu'à la bouche par l'œsophage. Voilà le rot !

Les vents de l'intestin

L'air qui n'est pas parti par le haut descend vers l'intestin. Là se trouvent

déjà les gaz produits par la fermentation
les aliments. Ils se mélangent et ainsi, chaque
jour, 7 à 10 litres de gaz passent
par l'intestin. Heureusement, la
plus grande partie est absorbée
par le corps. Les gaz restants
s'échappent par l'anus. Prout,
prout ! Voilà le pet !

Pouah !

Certains aliments
fermentent plus que d'autres
et produisent plus de gaz :
les haricots secs, la choucroute
ou les oignons, mais aussi
la grande famille des sucres,
tous les bonbons, caramels,
chocolats, gâteaux, glaces et
autres confiseries. Parmi ces
gaz, il y en a qui sentent
mauvais, pire que des
boules puantes. Un pet
silencieux et très
malodorant s'appelle
une vesse.

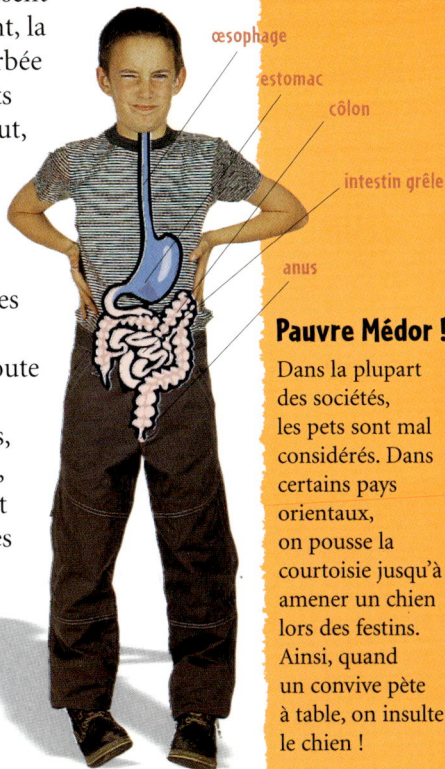

œsophage

estomac

côlon

intestin grêle

anus

Pauvre Médor !

Dans la plupart
des sociétés,
les pets sont mal
considérés. Dans
certains pays
orientaux,
on pousse la
courtoisie jusqu'à
amener un chien
lors des festins.
Ainsi, quand
un convive pète
à table, on insulte
le chien !

Les mots pour le dire

Le rot se dit aussi éructation. En bonne société, on parlera de renvoi. Certains
écrivains tels que Jules Romains n'hésitent pas à utiliser le langage de tous
les jours : « *Le marquis de Lescous, à la fin des repas, rote et pète comme un
sapeur-pompier.* » Le pet se retrouve dans beaucoup d'expressions populaires :
ça ne vaut pas un pet de lapin (ça ne vaut rien) ; péter dans la soie
(porter des vêtements luxueux) ; péter plus haut que son cul (être prétentieux).

Le hoquet

Une suite de brusques soubresauts accompagnés d'un drôle de bruit : hic ! c'est le hoquet. Il est parfois bien gênant, mais on ne peut pas le contrôler. En général, au troisième sursaut du hoqueteur hoquetant, tout le monde rit... sauf lui !

Chez les scientifiques

On appelle aussi le hoquet « myoclonie phrénoglottique », ce qui veut dire : spasme du diaphragme associé à une fermeture soudaine de la glotte.

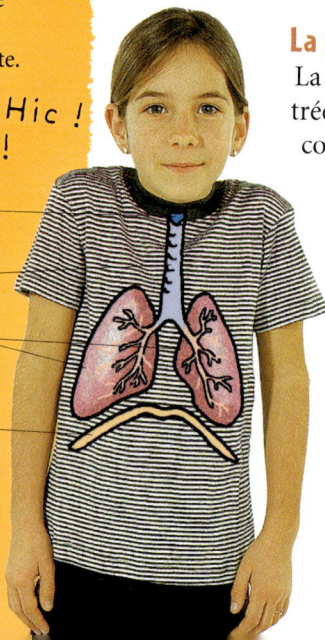

Une contraction brutale du diaphragme

Le diaphragme est un muscle aplati qui sépare le thorax de l'abdomen. Il nous sert à respirer. Quand il se contracte, il s'abaisse en créant un appel d'air dans les poumons : c'est l'inspiration. Le hoquet est une succession de contractions anormales du diaphragme. Elles sont brusques et involontaires. Chacune produit une secousse et un violent appel d'air.

La glotte

La glotte est l'orifice situé à l'entrée de la trachée, ce tuyau qui conduit l'air aux poumons. Elle se ferme quand on avale, pour éviter que la salive ou les aliments n'entrent dans les poumons. Ainsi, ils vont vers l'estomac par l'autre tuyau, l'œsophage. Si on avale de travers, c'est que la glotte ne s'est pas refermée assez vite. On appelle ça une fausse route.

Hic !
Hic !

glotte

trachée

poumons

diaphragme

LES SIGNAUX DU CORPS

Hic ! c'est le hoquet

Normalement, quand on respire, la glotte est ouverte. Au moment de la brusque contraction du diaphragme, elle se ferme inopinément et brutalement, interrompant le passage de l'air, ce qui produit ce bruit caractéristique, hic ! du hoquet.

Frénétique, le nerf phrénique

Toutes les contractions du diaphragme sont commandées par un nerf appelé nerf phrénique. Pendant le hoquet, il est excité de façon inhabituelle, en général par l'estomac. Quand on mange trop ou trop vite, ou quand on avale des boissons gazeuses, l'estomac est gonflé, distendu, et il chatouille le nerf phrénique qui passe par là. Chez les adultes, l'alcool et le tabac excitent les nerfs et favorisent le hoquet. Hic !

Le hoquet le plus long

Il paraît que Charles Osborne, qui vivait aux États-Unis, a hoqueté pendant 69 ans. Il mourut à l'âge de 97 ans, alors que son hoquet venait de cesser depuis un an !
Question : à quel âge a commencé son hoquet ?

Réponse :
à 27 ans.

Les petits trucs pour le faire passer

En général, le hoquet s'arrête tout seul au bout de quelques minutes.
S'il continue, on peut essayer :
- de boire un verre d'eau à l'envers et sans respirer ;
- de se faire masser le cou sur le passage du nerf phrénique, au-dessus des clavicules ;
- de s'allonger sur le dos et de serrer les genoux contre la poitrine pour comprimer son diaphragme ;
- de faire très peur au hoqueteur pour couper sa respiration.

Hou ! Hic ! Hic ! Hic ! Hic !

Les ronflements

Ils font rire les voisins du ronfleur insouciant, mais peuvent ensuite les énerver en les empêchant de dormir. Le bruit du ronflement est dû au passage de l'air à travers des voies respiratoires rétrécies. On ronfle seulement quand on dort profondément. Rrrrrr...

Trop gros ?

Les gros ronflent plus que les autres parce que leurs muqueuses et leur voile du palais sont plus importants. Chez les grandes personnes, l'alcool et le tabac favorisent les ronflements : l'un en relâchant les muscles et l'autre en enflammant les muqueuses.

Ah ! luette...

À l'entrée de la gorge, on peut apercevoir le voile du palais, terminé par la luette. On imagine une fine membrane, mais le voile du palais est en fait une cloison musculaire. Pendant la journée, il se contracte tout le temps : quand on parle, quand on mange, quand on boit.

La nuit, les muscles aussi se reposent

Durant le sommeil, le voile du palais se relâche et son volume augmente, ce qui rétrécit le passage de l'air au fond de la bouche. S'il s'étale trop, il se met à vibrer et à battre comme une voile au vent. Rrrrrrr… Quel vacarme !

Rrrr...

Pchiiii...

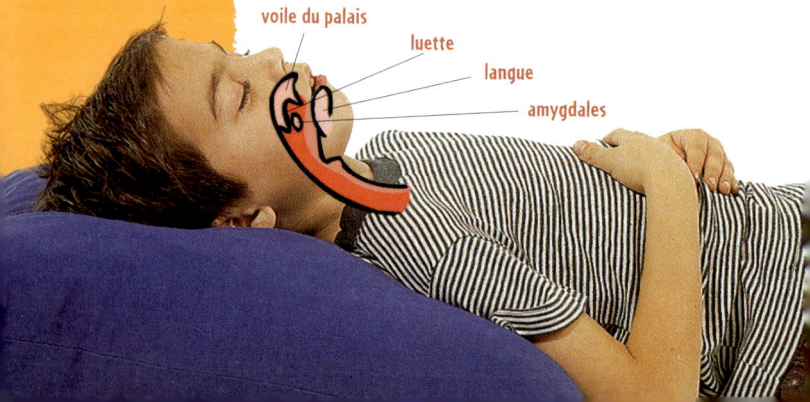

voile du palais

luette

langue

amygdales

Végétations enflammées

D'autres obstacles peuvent se présenter sur le passage de l'air dans les voies respiratoires. Par exemple, les <mark>amygdales</mark>, situées juste derrière le voile du palais, et les <mark>végétatio</mark>ns, qui sont à l'arrière du nez ; si ces petits organes s'infectent et s'enflamment, ils peuvent devenir très gros et causer des ronflements. Rrrrrr… Quand ils sont trop gênants, il faut les enlever.

Nez bouché

On peut aussi ronfler parce qu'on a le nez bouché, à cause d'un rhume par exemple. La muqueuse nasale est gonflée par l'inflammation et l'air passe mal, surtout quand on dort sur le dos. Certaines personnes ont en plus une déviation de la cloison qui sépare l'intérieur du nez en deux narines. L'une des narines est alors rétrécie et se bouche facilement. Rrrrrr…

En chien de fusil

Pour ne pas ronfler, il faut éviter de dormir sur le dos. Et pour rester sur le ventre ou sur le côté toute la nuit, on peut essayer de coudre une balle dans le dos de sa veste de pyjama !

Halte !

Le ronflement survient pendant les phases de sommeil profond. Quand on respire moins profondément, comme au cours des rêves, on ne ronfle plus. Quel soulagement pour le voisin du ronfleur ! Comme il n'a droit qu'à vingt minutes de calme toutes les deux heures, il doit absolument profiter de cette trêve pour s'endormir. Sinon, il peut essayer de siffler ou de secouer le ronfleur pour changer sa phase de sommeil.

L'éternuement

L'éternuement est un réflexe explosif et bruyant destiné
à chasser un intrus de l'intérieur du nez. Atchoum ! atchoum !
atchoum ! fait le nain Atchoum dans *Blanche-Neige*.
À force d'éternuer, il en devient comique.

Le nez au milieu de la figure

Sensible et délicat, le nez est facilement irritable. Par lui passe en premier l'air qu'on inspire et tout ce qu'il transporte. Avant que l'air ne continue son chemin vers les poumons, le nez doit tenter de filtrer les pollens, poussières et autres intrus.

La muqueuse nasale

La muqueuse nasale est le revêtement intérieur du nez. Elle est équipée de petits cils vibratiles qui captent les particules indésirables. Celles-ci sont évacuées vers la gorge dans un liquide visqueux sécrété par la muqueuse : le mucus. Parmi les intrus qui se trouvent dans l'air, certains chatouillent la muqueuse et provoquent un éternuement.

À vos souhaits !

Quand quelqu'un éternue, on dit, selon les coutumes :
« À tes souhaits !
À tes amours ! Que Dieu te bénisse ! »
Ou encore, plus rarement :
« À tes souhaits, que Dieu te bénisse et qu'il te fasse le nez comme j'ai la cuisse ! »

A...a...tchoum !

À moins de se chatouiller le nez, on éternue involontairement ; on peut difficilement se retenir. Que se passe-t-il ? On inspire d'abord une bonne quantité d'air par la bouche. Puis tous les muscles respiratoires se liguent pour évacuer à grande vitesse cette énorme goulée d'air par le nez et la bouche. Une vraie tornade qui doit tout balayer sur son passage. Si le ménage n'est pas bien fait, on recommence à éternuer.

Aaaaaa...tchoum !

Libérez l'éternuement !

Si on explose douze fois de suite, c'est épuisant. Et ce n'est pas toujours drôle pour les autres, car l'éternuement peut être très bruyant. Mais se pincer le nez et fermer la bouche pour faire moins de bruit n'est pas une bonne idée, parce que ça augmente la pression dans les oreilles, et les tympans peuvent en souffrir. Pour une fois, oublions la politesse et laissons jaillir l'éternuement !

trompe d'Eustache

cavité du nez

cavité de la bouche

trachée

poumons

tympan

Trouvez l'intrus

Lequel ne fait pas éternuer : le poivre, la poussière, le pollen, les poils de chat, la poudre d'escampette, les acariens, les courants d'air ?

Réponse :
la poudre
d'escampette.

Ça vous gratouille ou ça vous chatouille ?

Quand on a un rhume, une grippe ou une allergie, c'est l'inflammation causée par un microbe, un virus ou un allergène qui chatouille la muqueuse nasale et fait éternuer. On peut être allergique à presque tout : le foin, l'herbe fraîchement coupée, les pollens, la pollution, etc. Mais d'autres causes peuvent provoquer l'éternuement, par exemple une grande différence de température.

Le vertige

canaux semi-circulaires

limaçon

oreille interne

oreille moyenne

tympan

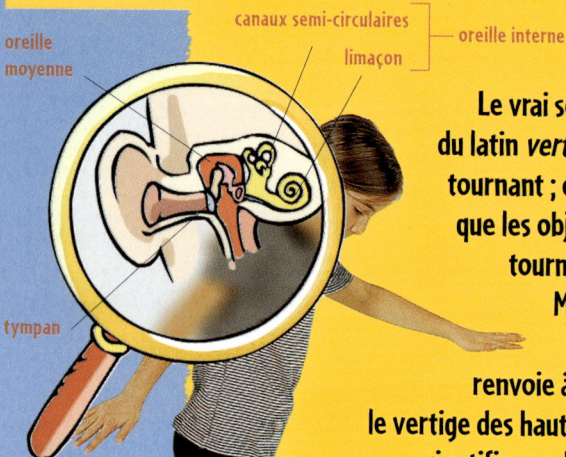

Le vrai sens du mot vient du latin *vertigo,* mouvement tournant ; c'est la sensation que les objets se mettent à tourner autour de soi. Mais, dans l'usage courant, ce mot renvoie à la peur du vide, le vertige des hauteurs. En langage scientifique, c'est l'acrophobie.

Le vertige de l'infini.

À trop contempler le ciel étoilé, on se sent devenir tout petit. Surtout si on sait que notre soleil est une étoile parmi des centaines de milliards d'étoiles de notre galaxie (la Voie lactée) et qu'il existe des milliards de galaxies semblables. Cela donne le vertige… au sens figuré.

Sueurs froides

Accoudé à un balcon, en longeant un précipice, en montant sur une échelle ou en traversant un pont, tout à coup, on perçoit le vide en dessous de soi. On devient tout blanc, on transpire, on est paralysé, on ne peut plus ni avancer, ni reculer, ni monter, ni descendre.

Attiré par le vide

On a affreusement peur de tomber, comme attiré par le vide. Ceux qui n'ont pas le vertige pensent souvent que la peur du vide est une comédie. Ils disent : « *Fais un effort, avance, regarde en haut* », parfois en se moquant. Ils ont tort, cette peur est incontrôlable.

Au secours ! À l'aide !

Il faut venir en aide très vite à celui qui est pris de vertige. Lui porter secours en l'éloignant du danger, en lui prenant la main ou même en le portant. Dès qu'il ne voit plus le vide sous ses pieds, il n'a plus peur, le vertige cesse.

Les informateurs du cerveau

Ce vertige des hauteurs semble provoqué par la discordance des informations qui arrivent en même temps au cerveau : l'oreille interne indique une bonne position de la tête, tandis que les yeux envoient un signal d'alarme, ils ne voient que le vide et n'ont plus de repères. D'ailleurs, ceux qui souffrent du vertige le savent bien : tant que leurs yeux conservent des repères proches – comme à l'intérieur d'un avion –, ils n'ont pas le vertige.

Les derviches tourneurs

Ce sont des religieux orientaux qui utilisent la danse à des fins spirituelles, pour se rapprocher de Dieu. En une ronde vertigineuse, ils tournent sur eux-mêmes en décrivant une ellipse, comme des planètes tournant sur elles-mêmes et autour du soleil.

Le tournis

Après un tour de manège ou une danse endiablée, les objets se mettent à tourner autour de soi, entraînant une sensation de perte d'équilibre. C'est un vrai vertige. Le liquide contenu dans l'oreille interne a subi une sorte de tempête. Les petits cils qui y baignent et qui sont chargés de renseigner le cerveau sur la position de la tête sont trop agités par le déplacement du liquide. Ils transmettent des messages contradictoires. C'est la panique, ça donne le tournis.

Petits saignements, bleus et bosses

On s'est coupé ou cogné, on a fait une chute, on saigne du nez. Ces petits bobos sans gravité peuvent être sur le moment très impressionnants, ou douloureux.

Saignements

Quand on saigne, c'est qu'un vaisseau est écorché. Pour arrêter l'écoulement, les cellules du sang appelées plaquettes se précipitent en masse. Elles forment un bouchon provisoire, c'est le clou plaquettaire. En même temps, grâce à des molécules nommées facteurs de la coagulation, le sang forme, en trois minutes environ, un caillot qui assure solidement la fermeture du trou.

Ma petite sœur.

La porte du placard.

L'angle de la table

L'escal

Saignement de nez

On a fait éclater un petit vaisseau de la muqueuse en se grattant l'intérieur du nez, ça peut saigner beaucoup, mais ce n'est pas grave. Inutile de mettre la tête en arrière, le sang coulerait dans la gorge, mieux vaut se pincer le nez très fort pendant 5 à 10 interminables minutes…

Les bleus

Un choc ou un coup un peu violent font éclater des petits vaisseaux. Avant de coaguler, le sang a pu s'échapper et s'infiltrer sous la peau, formant une tache rose qui devient très vite rouge. C'est elle qui se transformera en bleu, qu'on appelle aussi ecchymose.

Quel arc-en-ciel !

Les jours suivants, la tache prend des couleurs allant du rouge au violet puis au jaune, en passant par le bleu et le vert. C'est le sang qui se dégrade progressivement. Le bleu finit par disparaître parce que des cellules nettoyeuses, les macrophages et les globules blancs, viennent avaler le sang vieilli.

Tomber sur un os, c'est la bosse

Quand le coup frappe un os, surtout sur le crâne, une bosse apparaît. Ne pouvant s'étaler ni s'infiltrer en profondeur, le sang forme une poche entre la peau et l'os. En gonflant, cette poche de sang soulève la peau. Comme pour les bleus, le ménage du vieux sang sera fait par les macrophages et les globules blancs.

Que faire ?

Quand on saigne, il faut appuyer très fort sur la blessure afin d'arrêter l'écoulement. Pour la bosse, si on veut l'empêcher de grossir ou même de se former, on peut la comprimer avec un glaçon ou une pièce de monnaie.

sang infiltré dans la peau

Peau

Poche de sang

L'hémophilie

Quand on est hémophile, le sang ne coagule pas, à cause du manque d'un des facteurs de la coagulation. Chaque petit coup ou blessure peut provoquer des saignements importants ou des gros bleus. Cette maladie héréditaire ne se déclare que chez les hommes, mais elle est transmise par les femmes. C'est ainsi que la reine Victoria l'a léguée à plusieurs de ses fils. Aujourd'hui, on soigne cette maladie grâce à des transfusions sanguines régulières qui apportent le facteur manquant.

Le point de côté

Le point de côté est un signal d'alarme. C'est d'abord une petite douleur, à droite ou à gauche sous les côtes, puis très vite elle devient si forte qu'on est obligé de s'arrêter.

L'acide lactique

On en consomme tous les jours dans les yaourts, mais, quand il est digéré, il ne fait aucun mal. C'est seulement quand il s'accumule en grande quantité dans un muscle qu'il provoque une douleur.

Il apparaît pendant l'effort

C'est en courant, en marchant vite, en roulant à bicyclette, en montant à cheval ou même en sautant à la corde qu'on attrape un point de côté. La douleur vient parce que le diaphragme est trop sollicité.

Aïe !

Ouille !

poumons

cœur

diaphragme

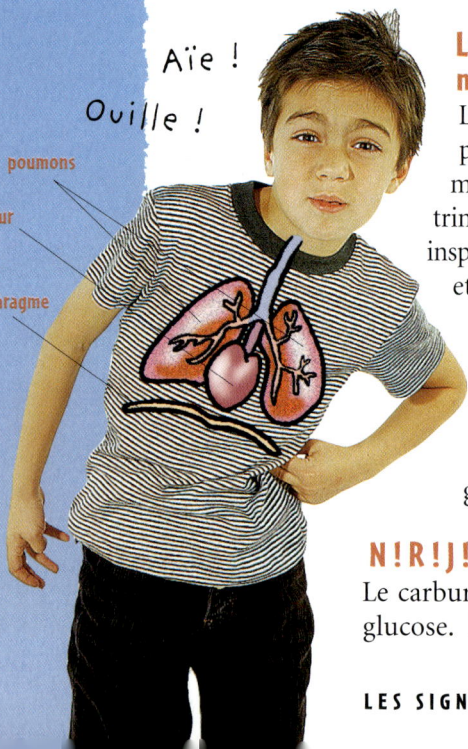

Le diaphragme, un muscle pour respirer

Large et aplati, le diaphragme est une cloison musculaire entre la poitrine et le ventre. À chaque inspiration, il se contracte et s'abaisse, créant un appel d'air dans les poumons. Comme tous les muscles, pour travailler, il a besoin d'oxygène et d'énergie.

N!R!J!

Le carburant, c'est le sucre, ou glucose. Il se transforme en énergie en présence d'oxygène. Le glucose vient de l'alimentation, il est stocké par le foie. L'oxygène est fourni par l'air qu'on respire. Le sang transporte le tout. Il circule grâce à une puissante pompe : le cœur.

À bout de souffle

Quand on produit un gros effort, on a besoin de plus d'oxygène. Le cœur doit pomper plus, et plus vite. S'il n'est pas assez entraîné, il n'y arrive pas, et le diaphragme manque d'oxygène, il est débordé. Il produit alors un déchet, l'acide lactique. C'est l'accumulation de l'acide lactique dans le diaphragme qui crée la douleur du point de côté. Pour qu'elle se calme, il faut arrêter l'effort et prendre patience. Petit à petit, le sang va laver le diaphragme en éliminant l'acide lactique.

Respirez !

« *Qui veut voyager loin ménage sa monture* »… et son cœur. Pour éviter le point de côté, il ne faut pas démarrer trop vite, il faut apprendre à s'échauffer et à contrôler sa respiration. *Devinette :* combien de fois respire-t-on en moyenne dans une journée de 24 heures ? A 2 800 ; B 28 000 ; C 280 000.

Réponse : B.

Le second souffle

Quand on est courageux, on peut tenter de trouver le second souffle et continuer à courir malgré la douleur. On oblige alors le diaphragme à déclarer forfait. Il passe le relais à d'autres muscles respiratoires, les intercostaux situés entre les côtes. Costauds, les intercostaux ! Pendant ce moment de répit, le sang élimine l'acide lactique du diaphragme, qui pourra ensuite reprendre vaillamment la direction des opérations.

Même pas mal.

Mal au cœur

Dialogue entre Caroline et son père. « *Papa, j'ai envie de vomir, c'est sûrement ce chocolat qui m'a fait mal au cœur. – Tu en as trop mangé, tu nous fais une bonne crise de foie. Va au lit, j'appelle le médecin.* » En France, quand on a une indigestion, des nausées ou envie de vomir, on s'en prend au cœur ou au foie. Pourtant, ni l'un ni l'autre ne sont responsables.

Le mal de mer

Quand le bateau bouge beaucoup, les changements de position de la tête sont si rapides que le cerveau reçoit, en provenance des yeux et de l'oreille interne, des informations contradictoires. Il perd la boule et envoie des commandes de contraction à l'estomac, qui... rejette tout à la mer !

Le cœur

Le cœur est une pompe qui sert à faire circuler le sang. Il n'a vraiment rien à voir avec la digestion des aliments.

Et le foie ?

Quant au foie, même très malade, il donne rarement des nausées ou des vomissements. Et le chocolat ne peut pas lui faire plus de mal que le pâté, car le foie ne « voit » jamais arriver les carrés de chocolat, seulement les molécules issues de leur digestion. Le chocolat, c'est gras comme le pâté, et toutes les molécules de graisse se ressemblent.

L'estomac, vous dis-je !

Les nausées et les vomissements proviennent en fait de contractions anormales de l'estomac.

Bôôô.

Hou! lala! ça craint!

Fuyons!

Cela arrive en particulier quand il souffre de trop-plein. Surtout quand on a mangé trop de graisses.

La digestion des graisses

L'estomac n'est pas équipé pour digérer les graisses, elles ne sont pas solubles dans le ==liquide gastrique==. Elles seront digérées dans l'intestin grâce à la bile. Si elles arrivent en petites quantités dans l'estomac, pas de problème, elles sont évacuées tranquillement vers l'intestin. S'il en arrive trop en même temps, il y a embouteillage, l'estomac se révolte et se contracte…

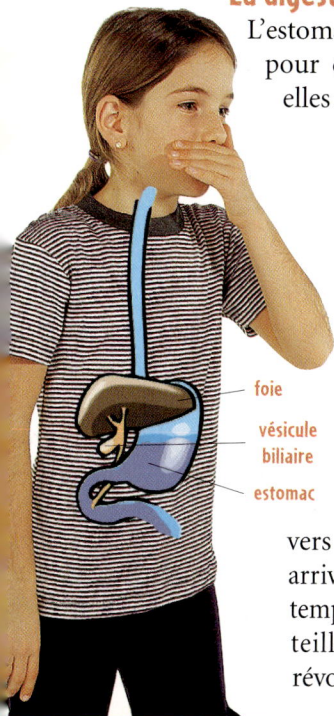

foie

vésicule
biliaire

estomac

La crise de foie

En France, le foie est accusé à tort de nombreux maux. La fameuse « crise de foie », qui est une erreur du point de vue médical, n'existe que dans notre vocabulaire : les Français sont les seuls à attribuer leurs indigestions au foie.

La bile, un bon détergent

Quand on met de l'huile dans l'eau, même si on remue beaucoup, elle ne se mélange pas, sauf si on y ajoute un détergent, comme le produit vaisselle. De la même manière, l'estomac a beau brasser, les molécules de graisse ne se dissolvent pas dans le liquide qu'il contient. Elles ont besoin d'un détergent : c'est la bile qui va jouer ce rôle dans l'intestin. La bile est un liquide produit par le foie, stocké dans la vésicule biliaire et déversé dans l'intestin au moment des repas.

Boutons et ampoules

Amuse-toi à suivre les fils pour savoir à quel signal ou à quelle maladie se rapportent les différents noms de boutons.

La rougeole (A) se manifeste, entre autres, par une éruption de boutons rouges : d'abord des macules (2), sortes de taches plates, qui se transforment en papules (1), boutons légèrement surélevés, au milieu d'intervalles de peau saine. Une allergie (B) à un médicament, à un aliment, au soleil, peut se manifester par des plaques (4) rouges d'urticaire (C). La varicelle (D) se manifeste par l'éruption de macules (2), puis papules (1), puis vésicules qui grattent (5).

...

1 Papules

2 Macules

3 Boutons Purulents

4 Plaques

5 Vésicules qui grattent

6 Vésicules qui font mal

7 Vésicules qui brûlent

8 Phlyctènes

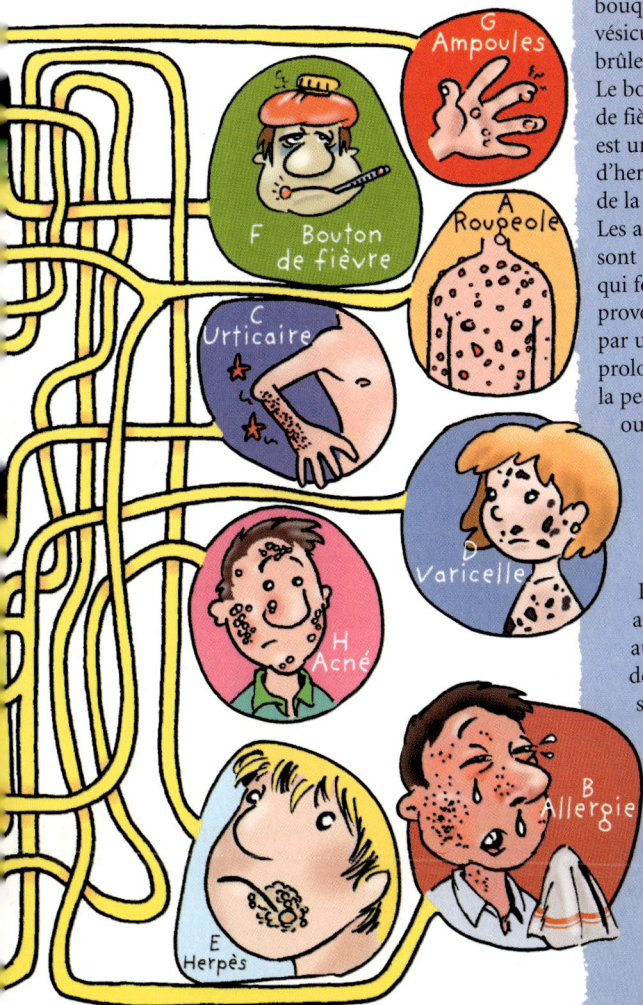

…
L'herpès (E) est dû à un virus et se manifeste par un bouton formé d'un bouquet de vésicules qui brûlent (7). Le bouton de fièvre (F) est un bouton d'herpès autour de la bouche. Les ampoules (G) sont des vésicules qui font mal (6), provoquées par un frottement prolongé sur la peau des pieds ou des mains. Ces cloques sont aussi appelées phlyctènes (8). L'acné (H) apparaît au moment de la puberté, sous forme de boutons purulents (3) parfois douloureux.

La crampe et la fourmi

La crampe arrive brusquement, elle fait mal et ne passe pas toujours très vite. Les fourmis, elles, ne sont pas douloureuses, mais seulement désagréables.

La crampe de l'écrivain

C'est une contracture des muscles de la main pendant l'écriture.
Les couturières et les musiciens souffrent aussi de ce genre de crampes, qui rendent difficile l'exercice de leur métier.
Elles peuvent être, en partie, d'ordre psychologique.

Les crampes

Quand un muscle se contracte involontairement et qu'il n'arrive plus à se relâcher, il devient dur et douloureux : c'est une crampe. Elle survient le plus souvent pendant un effort musculaire et atteint plutôt les muscles des membres. Normalement, ces muscles se contractent et se relâchent sur ordre du cerveau. Pendant la crampe, les ordres de relâche n'agissent plus sur le muscle endolori. Même les athlètes les mieux entraînés en souffrent et peuvent être obligés de s'arrêter au beau milieu d'une compétition.

Les déchets

Pendant un effort soutenu, si les cellules musculaires ne disposent plus d'un apport suffisant en oxygène et continuent à travailler, elles produisent des déchets, en particulier de l'acide lactique. Comme pour le point de côté, quand l'acide lactique est produit en excès et ne peut plus être éliminé, il s'accumule dans le muscle, provoquant la douleur de la crampe.

HIAAAAAAA!

Ha! Ça c'est l'inspiration.

Les fourmis

Avoir des fourmis dans les jambes, ça arrive souvent quand on reste trop longtemps dans une même position, une jambe coincée sous les fesses par exemple. On a alors la sensation de picotements, comme si des centaines de fourmis couraient le long de la jambe.

Halte aux envahisseurs

En étant assis sur sa jambe, on comprime un ou plusieurs nerfs de la peau. En plus, on empêche le sang de circuler normalement dans les vaisseaux. Nerfs et vaisseaux réagissent, nous obligeant à changer de position. On se lève et, au bout d'un moment, ouf ! les envahisseurs s'éloignent.

Attention à la noyade

On a très souvent des crampes aux jambes ou aux pieds en nageant. À la piscine, il faut sortir de l'eau. Mais, si on est en pleine mer, regagner le rivage peut s'avérer difficile. Mieux vaut donc ne jamais s'éloigner seul vers le large.

muscle

nerf

vaisseau
(artère)

vaisseau
(veine)

La chasse aux crampes et aux fourmis

Pour se débarrasser d'une crampe, il faut essayer d'abord d'étirer doucement le muscle avec les mains. S'il s'agit d'une crampe au mollet, on peut aussi tendre la jambe vers le sol en repliant les orteils et la cheville vers le genou, ou se mettre en équilibre sur la jambe douloureuse. Quant aux fourmis, pour les chasser, le mieux est de bouger. Une autre solution consiste à se masser et à attendre patiemment.

Le froid

Que l'on vive dans le Grand Nord avec les ours polaires ou dans le désert avec les dromadaires, la température à l'intérieur de notre corps doit rester toujours la même. Pour y parvenir, notre cerveau a plus d'un tour dans son sac.

Pas sotte, la marmotte

La marmotte entre en hibernation quand il n'y a plus de nourriture dehors. Sa température descend de 38 °C à 3 °C et elle se contente de respirer deux ou trois fois par minute. Ainsi, elle consomme très peu d'énergie et ses réserves de graisse lui suffisent jusqu'au printemps.

Brrr...

poil

muscle arrecteur (hérisse le poil)

follicule pileux

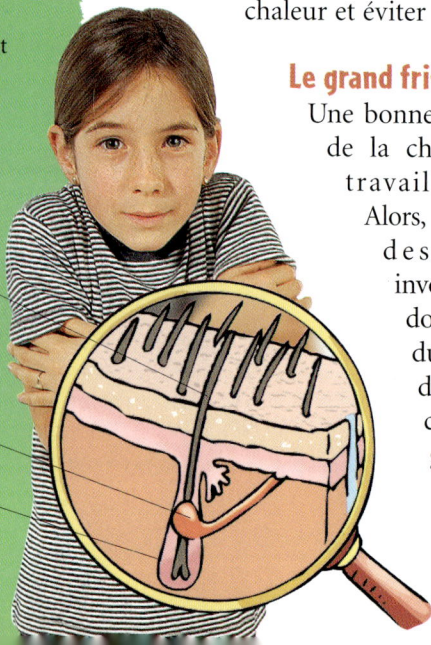

Garder son sang chaud

Le cerveau se charge de maintenir notre température intérieure entre 36,5 °C et 37,5 °C. S'il fait 23 °C dehors, il n'a rien à faire, c'est la température idéale. Le corps ne doit lutter ni contre le froid, ni contre le chaud. Mais, dès qu'il fait plus froid, le cerveau doit agir en utilisant tous les moyens pour produire de la chaleur et éviter d'en perdre.

Le grand frisson

Une bonne façon de produire de la chaleur est de faire travailler ses muscles. Alors, le cerveau ordonne des contractions involontaires et désordonnées des muscles du corps. On est pris de frissons. Quand cette agitation gagne les muscles du visage, on claque des dents.

Visage pâle

Pour garder le corps au chaud, il faut aussi éviter de perdre trop de chaleur, c'est pourquoi le cerveau ordonne le rétrécissement de tous les vaisseaux sous la peau, pour que le sang circule le moins possible près de l'extérieur où sévit le froid. Alors, la peau pâlit.

Chair de poule

La chair de poule est un réflexe qui date du temps où nous étions poilus ! Pour garder la chaleur, les poils se hérissent, tentant d'emprisonner une couche d'air chaud entre la peau et l'extérieur. Mais ce système d'isolation est nettement plus efficace chez les bêtes à fourrure…

Sucre en stock

En même temps que tous ces petits moyens, le cerveau met en route un autre mécanisme, plus long à démarrer mais beaucoup plus efficace. Il ordonne aux organes de puiser dans les réserves de sucre pour produire de la chaleur.

L'onglée

Si on reste trop longtemps exposé aux grands froids, les vaisseaux rétrécissent tellement que le sang n'arrive plus jusqu'aux extrémités, mains ou pieds. On appelle cela l'onglée, c'est très douloureux et bien connu des alpinistes.

Les animaux dits « à sang froid »

Les mammifères et les oiseaux sont endothermes. En revanche, les poissons, les vers de terre, les serpents, les grenouilles… sont dits ectothermes : la température à l'intérieur de leur corps varie avec celle du dehors. C'est à tort qu'on les appelle animaux à sang froid, car leur sang n'est pas toujours froid ; quand il fait chaud, il est chaud !

Bon ! Rendez-vous au printemps !

ZZZ

C'est ça, fais-moi râler !

Le chaud

Quand on vit dans la chaleur avec les dromadaires, le cerveau doit lutter pour que la température du corps reste autour de 37 °C. Il sort ses armes antichaleur pour que le corps ne surchauffe pas.

Chauds les oiseaux !

Voici la température corporelle normale de quelques animaux. Cheval : 37,5 à 38 °C. Chien et chat : 38,5 à 39 °C. Mouton et chèvre : 39 à 40 °C. Lapin : 39,5 °C. Oiseau : 40 à 42,5 °C ; pourtant, il n'a pas la fièvre !

Pffffffff...

épiderme

derme

glande sudoripare

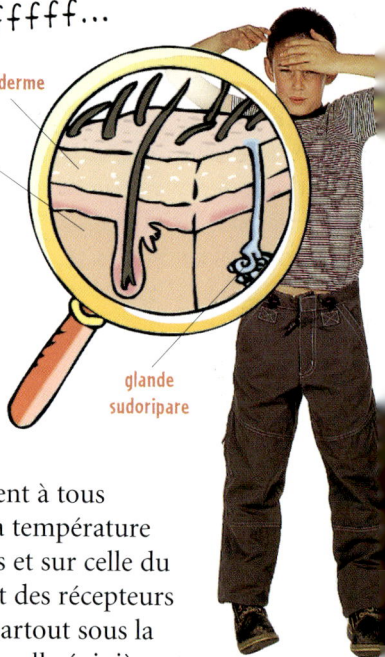

Des informateurs aux aguets

Notre cerveau a de nombreux guetteurs qui le renseignent à tous moments sur la température qu'il fait dehors et sur celle du dedans. Ce sont des récepteurs situés un peu partout sous la peau, dans la moelle épinière et dans le cerveau même. Quand il fait trop chaud dehors, il faut trouver des moyens pour empêcher la température intérieure de grimper.

Peau rouge

Une première ruse du cerveau consiste à donner l'ordre aux vaisseaux situés sous la peau de se dilater, c'est-à-dire d'augmenter leur diamètre. Le sang évacue alors de la chaleur au dehors en affluant en grande quantité à la surface du corps. Et voilà pourquoi on devient rouge comme une tomate !

Une bonne suée

Mais rougir ne suffit pas. Pour rafraîchir le corps, le cerveau ordonne aux glandes sudoripares de sécréter un liquide composé principalement d'eau et de sel, la sueur, qui sort par les pores de la peau. C'est la transpiration. Quand cette sueur s'évapore, la peau se rafraîchit. Ouf !

Quand on vit chez les dromadaires

Pour s'adapter aux pays chauds, le corps peut produire beaucoup de sueur en mettant à contribution toutes les glandes sudoripares. Au bout de six semaines de séjour, on arrive à évacuer jusqu'à 4 litres d'eau par jour. Il faut en boire au moins autant pour compenser et il faut manger très salé pour récupérer le sel perdu.

Sportifs en chaleur

Quand on fait du sport de manière intensive, les muscles s'activent beaucoup et il fait très chaud à l'intérieur du corps. On se sent devenir écarlate et on transpire beaucoup. C'est le cerveau qui a envoyé ses armes antichaleur pour éviter qu'on explose !

La fièvre, une alliée

On a de la fièvre quand la température du corps dépasse 38 °C. C'est un mécanisme de défense bien utile en cas d'infection. Dès l'arrivée d'un microbe, les cellules chargées de nous défendre fabriquent des molécules qui agissent sur le cerveau pour faire monter la température. Les microbes n'aiment pas du tout ça, car ils ont du mal à survivre et à se reproduire quand il fait trop chaud.

Quiz

Maintenant que tu as lu cet « Essentiel Milan Junior », qu'en as-tu retenu ? À toi de jouer en répondant aux questions suivantes :

Attention, parfois plusieurs réponses sont possibles.

1 La bile est sécrétée par :

A l'estomac.
B le foie.
C l'intestin.

2 « Péter plus haut que son cul » signifie :

A être malpoli.
B être prétentieux.
C être champion de saut à la perche.

3 Une ecchymose, c'est :

A une plaie.
B une épine de rose.
C un bleu.

4 En hibernation, la température de la marmotte diminue de :

A 50 °C.
B 15 °C.
C 35 °C.

5 La sueur est :

A sucrée.
B salée.
C ni l'un ni l'autre.

6 Les derviches tourneurs sont

A des religieux qui dansent.
B des microbes.
C des manèges.

7 Qui a la température du corps la plus élevée ?

A L'homme.
B L'oiseau.
C Le lapin.

8 Le clou plaquettaire, c'est :

A un bouchon provisoire.
B une sorte de vis.
C une épice.

9 La crise de foie, ça n'existe pas.

A Vrai.
B Faux.

10 Un diaphragme, c'est :

A un élément d'un appareil photo.
B un muscle respiratoire.
C une colique.

11 La fièvre, c'est :

A un mécanisme de défense.
B un moyen de se réchauffer.
C le symptôme d'une maladie.

12 Combien de fois respire-t-on en une minute au repos ?

A Entre 16 et 20 fois.
B Entre 40 et 50 fois.
C Entre 60 et 80 fois.

3 **Les femmes ne sont jamais hémophiles.**

A Vrai.
B Faux.

14 **L'organe qui déclenche le hoquet, c'est :**

A le foie.
B le cœur.
C le diaphragme.

15 **Les macrophages sont :**

A des cellules nettoyeuses.
B des gros mangeurs.
C des tombes égyptiennes.

16 **La luette, c'est :**

A un oiseau.
B l'extrémité du voile du palais.
C une aile du nez.

17 **Quelle quantité de gaz passe chaque jour dans l'intestin ?**

A 20 à 30 litres.
B 7 à 10 litres.
C 1 à 3 litres.

18 **Le mucus, c'est :**

A un champignon.
B une sécrétion.
C une petite muqueuse.

19 **Une phlyctène, c'est :**

A une contractuelle.
B un insecte.
C une cloque.

20 **Qui est ectotherme ?**

A La grenouille.
B L'écureuil.
C Le saumon.

21 **Pour éviter de ronfler, il faut dormir :**

A sur le dos.
B sur le ventre.
C sur le côté.

22 **L'acrophobie, c'est :**

A la peur des hauteurs.
B la dépendance à une drogue.
C la peur des araignées.

23 **Les amygdales sont situées derrière le nez.**

A Vrai.
B Faux.

24 **Une vesse, c'est :**

A une partie de la vessie.
B un petit sac.
C un pet malodorant.

Pour t'aider dans ton exposé

Le professeur de SVT (sciences de la vie et de la Terre) te demande de choisir un sujet d'exposé sur le corps humain, ou bien tu proposes, de ta propre initiative, d'en faire un... Dans tous les cas, avant de te lancer, tu dois te poser quelques questions.

❶ Le choix du sujet

Dois-je parler de tous les sujets ?

Tu peux choisir de parler des signaux du corps en te reportant à cet « Essentiel Milan Junior ». Et tu décideras de traiter deux, trois ou quatre chapitres, en sachant qu'à chaque fois tu peux développer ton exposé autour d'une des fonctions ou organes abordés (circulation, respiration, estomac, cœur, etc.).

Est-ce que la classe s'y intéressera ?

Oui, assurément, si tu sais rendre ton exposé vivant et amusant. Un bon truc : en même temps que tu décriras les signaux du corps, par exemple le hoquet, tu peux demander à un(e) ami(e) de le mimer, ainsi que les recettes pour le faire passer.

❷ La pêche aux informations

Est-ce que j'aurai une documentation suffisante ?

Oui, si tu fais des recherches personnelles. Par exemple, si tu choisis le thème « mal au cœur », tu peux rechercher une documentation sur l'organe responsable, l'estomac, mais aussi sur l'organe accusé à tort, le foie. Et, pour ne pas être ennuyeux, tu amuseras la classe en récitant : « *Il était une fois une marchande de foie qui vendait du foie dans la ville de Foix. Elle se dit : ma foi, c'est la première fois et la dernière fois que je vends du foie dans la ville de Foix.* »